वल्लभभाई झवेरभाई पटेल भारत की उन महानतम विभूतियों में थे जिन्होंने न केवल देश की आज़ादी हासिल करने में, बल्कि उसे स्थायी बनाने में भी अग्रणी भूमिका निभाई। हालांकि उनका सार्वजनिक जीवन चालीस वर्ष की उम्र के बाद शुरू हुआ लेकिन राष्ट्र के लिए समर्पित अपने जीवन के अगले 33 वर्षों में उन्होंने बहुआयामी उपलब्धियां हासिल की। गांधीजी और पंडित जवाहर लाल नेहरू और अन्य नेताओं के साथ, सरदार पटेल का व्यक्तित्व 1920 से 1950 तक भारत के राजनैतिक क्षितिज पर छाया रहा। वह न केवल एक महान जननेता थे, बल्कि ऐसे दूरदर्शी राजनीतिज्ञ और कुशल प्रशासक भी थे जिन्होंने स्वतंत्र देश की पहली सरकार की अनेक जटिल समस्याओं को अद्भुत कुशलता से सुलझाया। पंडित जवाहर लाल नेहरू के शब्दों में, "इतिहास अपने पृष्ठों में उनके बारे में अनेक बातें लिखेगा और उन्हें स्वाधीन भारत का निर्माता और उसे मजबूत बनाने वाला बताएगा...।"

वल्लभभाइ पटेल का जन्म गुजरात के खेड़ा जिले में नडियाद में 31 अक्तूबर 1875 में हुआ। उनके पिता झवेरभाई पटेल और माता लाडबा किसान थे। उनके पिता बड़े बहादुर थे। कहा जाता है कि अपनी युवावस्था में वह झांसी की रानी की सेना में भर्ती हुए और अंग्रेजों से लोहा लिया। वल्लभभाई अपने माता-पिता की चौथी संतान थे। परिवार में पांच भाई और एक बहन थे।

उनकी प्रारंभिक शिक्षा करमसद और फिर घर से करीब ग्यारह किलोमीटर दूर पेटलाद कस्बे में हुई। इस स्कूल में पांचवीं कक्षा तक अंग्रेजी पढ़ाई जाती थी। उन्होंने नडियाद हाईस्कूल से मैट्रिक की परीक्षा पास की।

उनका परिवार उनकी कॉलेज की शिक्षा का खर्च उठाने की स्थिति में नहीं था, इसलिए उन्होंने डिस्ट्रिक्ट प्लीडर की परीक्षा की तैयारी शुरू की जिसके लिए उन्हें किताबें तक मांगकर पढ़नी पड़ीं। परीक्षा पास कर उन्होंने पहले गोधरा और फिर बोरसद में वकालत शुरू कर दी और जल्दी ही फौजदारी मामलों के मशहूर वकील माने जाने लगे।

प्रख्यात अमेरिकी राष्ट्रपति अब्राहम लिंकन की तरह वल्लभभाई पटेल ने भी अपने व्यक्तित्व का स्वयं निर्माण किया। सत्रह वर्ष की उम्र में, उनका झवेरबाई के साथ विवाह हो गया। 1909 में, जब वह मात्र 34 वर्ष के थे, उनकी पत्नी की मुंबई के एक अस्पताल में ऑपरेशन के दौरान मृत्यु हो गई। बोरसद में उन्हें अपनी पत्नी की मृत्यु का समाचार जिस समय मिला, उस समय वह हत्या के एक मामले की पैरवी कर रहे थे। बिना विचलित हुए, उन्होंने पैरवी जारी रखी। लेकिन इस घटना ने उन्हें हिलाकर रख दिया। उन्होंने दुबारा विवाह नहीं किया।

वल्लभभाई की इंग्लैंड जाकर वकालत की पढ़ाई करने की बड़ी इच्छा थी। इन्होंने अपनी यात्रा की व्यवस्था के लिए टूर एवं ट्रेवल एजेंसी को पत्र लिखा। एजेंसी ने वी.जे. पटेल के नाम पर पत्र का जवाब दिया। संयोग से, यह पत्र उनके बड़े भाई विट्ठलभाई को मिला। वह भी इंग्लैंड जाना चाहते थे लेकिन उनके पास भी पैसा नहीं था।

वल्लभभाई ने न केवल उन्हें जाने दिया बल्कि उनके इंग्लैंड प्रवास के दौरान परिवार का खर्च भी उठाया। बाद में, वल्लभभाई भी इंग्लैंड गए। उन्होंने अपनी बार-एट-लॉ की परीक्षा प्रथम

श्रेणी में विशेष योग्यता के साथ पास की जिसके लिए उन्हें 50 पौंड का नगद पुरस्कार भी मिला। फरवरी 1913 में बैरिस्टर बनकर वह भारत लौटे। वल्लभभाई की वापसी पर बंबई के चीफ जस्टिस सर बासिल स्कॉट ने उनसे गवर्नमेंट लॉ स्कूल में प्राध्यापक बनने की पेशकश की जो उन्होंने अस्वीकार कर दी। वह ब्रिटिश सरकार की नौकरी नहीं करना चाहते थे। पटेल ने फौजदारी मामलों में विशेषज्ञता हासिल की और जल्दी ही मशहूर वकील हो गए। उस समय उनकी पोशाक और रहन-सहन यूरोपियनों जैसे थे। वह ब्रिज खेलने के शौकीन थे। उनके दफ्तर में आलीशान फर्नीचर था। वह गुजरात के नामी-गिरामी आधुनिक पसंद के लोगों के प्रिय गुजरात क्लब के भी सदस्य थे। 1917 में पटेल का परिचय गांधीजी से हुआ। चंपारण सत्याग्रह में गांधी जी की भूमिका से वह बहुत प्रभावित थे। इसी दौरान, गांधीजी गुजरात सभा के अध्यक्ष बने जिसका प्रथम राजनैतिक सम्मेलन नंवबर 1917 में गोधरा में हुआ। वल्लभभाई इसके सचिव चुने गए। इसी साल, वह अहमदाबाद म्युनिसिपल बोर्ड के भी सदस्य चुने गए। बाद में, वह बोर्ड के प्रेसीडेंट भी बने। उन्होंने बाढ़, सूखे तथा महामारियों के दौरान बड़ी कुशलता से अपने दायित्व निभाए।

धीरे-धीरे वल्लभभाई का राजनैतिक कार्य शुरू हुआ। मार्च से जून 1918 के दौरान गांधीजी और पटेल ने खेड़ा सत्याग्रह प्रारंभ किया। हालांकि इस सत्याग्रह में निर्णायक विजय नहीं मिली पर वल्लभभाई के अपने जिले के किसानों ने निर्भय होने का पहला सबक सीखा। एक साल बाद, जब अप्रैल 1919 में गांधीजी को गिरफ्तार किया गया, नडियाद और खेड़ा के किसानों ने सरकार को दिखा दिया कि वे अब दबने-झुकने को तैयार नहीं है।

गांधीजी द्वारा 1 अगस्त 1920 को प्रारंभ किया गया असहयोग आंदोलन मानव इतिहास में एक नूतन प्रयोग था। राष्ट्रवादी नेता भी इस आंदोलन के समर्थन में एकमत नहीं थे। लेकिन वल्लभभाई ने गांधीजी के कार्यक्रम को दिल से अपनाया और सितंबर में कांग्रेस के कोलकाता में होने वाले विशेष अधिवेशन से पहले अगस्त 1920 में ही, उन्होंने अपने प्रभाव से गुजरात राजनैतिक समिति के प्रांतीय नेताओं को गांधीजी के कार्यक्रम के प्रति वचनबद्ध होने तथा कांग्रेस द्वारा इस कार्यक्रम को पारित किए जाने के प्रस्ताव का समर्थन करने के लिए राजी कर लिया। हालांकि आंदोलन अपना राजनैतिक लक्ष्य हासिल नहीं कर सका लेकिन वल्लभभाई के प्रयासों ने गुजरात का राजनैतिक माहौल ही बदल दिया और वहां से नरम पक्षी नेताओं का असर एकदम समाप्त हो गया।

स्वतंत्रता के लिए भारत के लंबे संघर्ष में असहयोग आंदोलन एक नये युग की शुरूआत थी। 1857 के बाद एक बार फिर अंग्रेजों को अपने शासन की चूलें हिलती हुई लगीं। लेकिन फरवरी 1922 में चौरीचौरा की घटना के बाद गांधीजी ने आंदोलन समाप्त कर दिया और ब्रिटिश सरकार ने भारत पर फिर से अपना दबदबा मजबूत कर लिया। इसके बाद 1923 में बोरसद सत्याग्रह शुरू हुआ। उस समय गांधीजी जेल में थे। फिर 1928 में बारदोली सत्याग्रह शुरू हुआ जो भारत के स्वाधीनता संघर्ष के सबसे गौरवशाली अध्यायों में एक है। इस सत्याग्रह ने वल्लभभाई के व्यक्तित्व की बुनियादी विशेषताओं को पुरजोर तरीके से रेखांकित किया। ये विशेषताएं हैं- अदम्य इच्छा शक्ति, सतत कर्त्तव्यशीलता, कार्ययोजना बनाने और उसके गुण-दोष आंकने का कौशल, लक्ष्य के साथ पूर्ण सामंजस्य, कोरी भावुकता की पूरी तरह उपेक्षा, स्वयं के लिए और सहयोगी कार्यकर्ताओं को

पूरी तरह अनुशासित रखना और चरम निस्वार्थता। बारदोली, एक तरह से वल्लभभाई की निजी उपलब्धि थी। इस आंदोलन को उन्होंने जिस कुशलता से चलाया, उसके लिए ही उन्हें सरदार कहा जाने लगा। इसके बाद से ही वह देश भर में इसी नाम से पहचाने जाने लगे।

गांधी द्वारा मार्च 1930 में प्रारंभ किए गए दांडी मार्च ने पूरे देश का जैसे आत्मविश्वास जागृत कर दिया। 6 अप्रैल 1930 को गांधीजी ने दांडी समुद्रतट पर एक मुट्ठी नमक उठाकर प्रतीकात्मक रूप से अंग्रेजी शासन का नमक कानून तोड़ा। ब्रिटिश सत्ता के विरोध की यह लहर देश भर में फैल गई। गांधीजी के सैकड़ों वीर तथा युवा अनुयायियों ने पुलिस के जुल्म की परवाह किए बिना अहिंसक आंदोलन के तहत धरसाणा में नमक के डिपो पर धावा बोल दिया। इन अहिंसक सेनानियों ने साहस और संयम की अनूठी मिसाल कायम कर दी। गुजरात की प्रमुख महिलाओं ने विदेशी कपड़े और शराब की दुकानों पर धरने शुरू किए और अपनी अनुशासित शक्ति से महिलाओं के सामाजिक स्तर को इतना ऊंचा उठा दिया जितना एक पूरी शताब्दी के सामाजिक सुधार आंदोलन भी नहीं कर सके थे। इन उपलब्धियों को हासिल करने में सबसे बड़ा योगदान वल्लभभाई का ही था।

राजनीति में आने से पहले भी वल्लभभाई वकील और नगर महापौर के रूप में अपनी निर्भय स्वतंत्र प्रवृत्ति के लिए प्रसिद्ध थे। उन्होंने ब्रिटिश शासन द्वारा नगरपालिका पर थोपे गए दो घमंडी ब्रिटिश नागरिकों और एक ब्रिटिश इंजीनियर को निकलवा दिया। असहयोग आंदोलन के दौर में वल्लभभाई ने शिक्षकों के समर्थन से, म्युनिसिपल काउंसिल को इस बात के लिए राजी करवा लिया कि प्राइमरी स्कूलों पर सरकारी नियंत्रण समाप्त कर दिया जाए।

मार्च 1922 में गांधीजी की गिरफ्तारी के बाद देशबंधु चितरंजन दास, मोतीलाल नेहरू और महामना मदनमोहन मालवीय के नेतृत्व में कुछ नेताओं ने संवैधानिक तरीकों से राजनैतिक कार्य जारी करने के लिए स्वराज पार्टी बनाई। लेकिन वल्लभभाई आंदोलन की राह पर ही बने रहने वाले नेताओं के बीच बने रहे। उन्होंने नागपुर में जुलाई 1923 में झंडा सत्याग्रह का नेतृत्व कर दिखा दिया कि सीधी जमीनी कार्रवाई कितनी कारगर हो सकती है, फिर उन्होंने खेड़ा जिले के बोरासद तालुका के लोगों द्वारा ब्रिटिश सरकार के अन्यायपूर्ण दंडात्मक कर के खिलाफ आंदोलन का नेतृत्व किया। 1924 में वह फिर म्युनिसिपल काउंसिल के प्रेसिडेंट बने और अपने चार साल के कार्यकाल को बड़ी दृढ़ता और कुशलता से निभाया जिसकी उनके आलोचकों तक ने सराहना की। गुजरात में जुलाई 1927 में जबर्दस्त बाढ़ आई। इस विपत्ति की पहली रात से ही सरदार कई हफ्तों तक दिन-रात बाढ़ पीड़ितों की मदद करने में जुटे रहे। गांधीजी उस समय बंगलौर में थे। लेकिन तब तक वल्लभभाई और उनके सहयोगी अनुशासित सेवा का मंत्र पूरी तरह सीख चुके थे और उन्होंने अपने काम को इतने समर्पित भाव से किया कि लॉर्ड इरविन ने दिसंबर में अपनी गुजरात यात्रा के दौरान गुजरात कांग्रेस द्वारा किए गए राहत कार्यों की मुक्त कंठ से सराहना की।

राजनैतिक कार्यों के प्रति अपने रचनात्मक दृष्टिकोण की वजह से गुजरात के आम लोगों का कांग्रेस के प्रति भरोसा बढ़ता गया। सविनय अवज्ञा आंदोलन शुरू होने के बाद, सरदार पटेल ब्रिटिश सरकार द्वारा सबसे पहले गिरफ्तार किए जाने वाले राष्ट्रीय नेताओं में एक थे। दांडी मार्च शुरू होने

से कुछ दिन पहले ही, 7 मार्च 1930 को वल्लभभाई गिरफ्तार किए जा चुके थे। वल्लभभाई चाहे जेल में हों या बाहर, उनके कार्यकर्ताओं का समर्पित सहयोग उनके साथ बना रहा। इन कार्यकर्ताओं ने सरदार के हर आह्वान पर उनका अनुकरण किया और उन्होंने नमक कानून तोड़ने और विदेशी कपड़ों के बहिष्कार के गांधीजी के कार्यक्रम को पूरी तरह सफल बनाया। हालांकि भू-राजस्व देने से इंकार कर देना आंदोलन में शामिल नहीं था लेकिन बोरसद और बारदोली तालुकों के अनेक गांवों के किसानों ने भू-राजस्व देने से मना कर दिया, भले ही इसके लिए उनकी जमीन-जायदाद भी छीन ली गई।

स्वतंत्रता संघर्ष में गुजरात के महान योगदान को राष्ट्र ने कृतज्ञता से स्वीकारा। मार्च 1931 में कराची में हुए कांग्रेस के अधिवेशन में सरदार को अध्यक्ष चुना गया। इस अधिवेशन पर गांधी इरविन समझौते पर विचार करने और इसे स्वीकृत करने का दायित्व था। किसी भी कांग्रेस अध्यक्ष के लिए यह एक अत्यंत कठिन परिस्थिति थी क्योंकि कुछ ही दिन पूर्व भगत सिंह, सुखदेव और राजगुरू को फांसी पर चढ़ाया गया था और पूरा राष्ट्र इतना आंदोलित था कि गांधी इरविन समझौते की कांग्रेस द्वारा पुष्टि होना असंभव-सा लगता था। वल्लभभाई ने इन राष्ट्रभक्तों को फांसी पर चढ़ाए जाने के निर्णय को कार्रवाई बताकर समझौते के विरोधियों का रूख कुछ नरम कर दिया। उन्होंने वादा किया कि अगर गोल मेज वार्ता विफल होती है तो छह महीने में आंदोलन फिर से शुरू कर दिया जाएगा।

गोल मेज वार्ता विफल हुई। गांधीजी खाली हाथ लौटे। आंदोलन फिर शुरू हुआ। सरकार ने सविनय अवज्ञा आंदोलन से निपटने की पहले से ही तैयारी कर रखी थी। गांधीजी के मुंबई पहुंचने के एक सप्ताह के भीतर ही सभी बड़े नेता गिरफ्तार कर लिए गए। अबकी बार गांधीजी और सरदार दोनों को यरवदा जेल में बंदी बनाया गया। बाद में महादेवभाई भी यरवदा जेल पहुंच गए।

मार्च 1932 से अप्रैल 1933 तक गांधीजी और पटेल के जेल में साथ-साथ रहने के दिनों का दिलचस्प विवरण महादेवभाई ने दिया है। उन्होंने बताया है कि किस तरह वल्लभभाई मां की तरह गांधीजी का ख्याल रखते थे और किस तरह सबको हंसाते रहते थे। गांधीजी के शब्दों में- ''मेरे कैंप में खास सुविधा प्राप्त विदूषक हैं। उनके अनायास किए गए मजाक मुझे हंसते-हंसते दोहरा कर देते हैं। उनकी मौजूदगी में दुख की मनहूसियत अपना मुंह छिपा लेती है। कितनी भी बड़ी निराशा उन्हें लंबे समय तक उदास नहीं रख सकती और वह मुझे भी दो मिनट के लिए भी उदास नहीं रहने देते। वह मेरे महात्मा होने की भी परवाह नहीं करते।'' जेल से बाहर आने के बाद गांधीजी ने अपने प्रति सरदार पटेल की कोमल भावनाओं का इन शब्दों में जिक्र किया है।

''उनकी बेजोड़ बहादुरी से तो मैं परिचित था ही, लेकिन मुझे पता नहीं था कि उनमें मां जैसी खूबियां भी हैं। मुझे जरा भी तकलीफ हो तो वह बिस्तर से उठ जाते थे। मेरे आराम से जुड़ी हर बात पर पूरा ध्यान देते थे।''

लेकिन महात्मा के प्रति प्रेम और वफादारी के बावजूद, जरूरी होने पर सरदार उनसे असहमत

भी हो सकते थे। उदाहरण के तौर पर, जब वल्लभभाई जेल में थे तो गांधीजी की सहमति से गांधी विद्यापीठ के पुस्तकालय को अहमदाबाद नगरपालिका को दे दिया गया था। वल्लभभाई ने 1934 में जोर देकर इस पुस्तकालय को वापस विद्यापीठ को लौटाया। 1920 के दशक में जब विद्यापीठ आर्थिक संकट से जूझ रहा था, उस समय वल्लभभाई ने उसके लिए दस लाख रूपये जुटाए थे। विद्यापीठ गांवों में सेवा करने को तत्पर युवाओं को प्रशिक्षित कर राष्ट्र की बहुमूल्य सेवा कर रहा था। 1934 में सविनय अवज्ञा आंदोलन समाप्त हो जाने के बाद, विद्यापीठ को पुनर्जीवित किया गया और वल्लभभाई इसके कुलपति और गांधीजी के निधन के बाद कुलाधिपति बनाए गए। इस तरह 1934 में वल्लभभाई ने जिस पुस्तकालय को बचा लिया, वह आज अहमदाबाद के सबसे बड़े पुस्तकालयों में एक है और यह विद्यापीठ आज भी गांवों में काम करने के लिए सुप्रशिक्षित कार्यकर्ता भेज रहा है।

सरदार पटेल देश के उन अग्रणी नेताओं में थे जिन्होंने गांधीजी के 1934 में कांग्रेस से इस्तीफा देकर ग्रामीण उद्योगों के पुनरूत्थान के लिए पूरा समय लगाने के फैसले का समर्थन किया और इस नये कार्यक्रम के लिए हर संभव मदद की।

1934 में कांग्रेस ने केंद्रीय विधायिका सभा का चुनाव लड़ने का फैसला लिया। चुनाव अभियान का पूरा दारोमदार वल्लभभाई पर ही आया। हालांकि वह संसदीय कार्यक्रम के पूर्ण समर्थक नहीं थे फिर भी वह संसदीय गतिविधियों में पूरी तरह शामिल हो गए। बाद में, 1937 और 1946 में सरदार पटेल पार्लियामेंट बोर्ड के अध्यक्ष के रूप में कांग्रेस के चुनाव कार्यक्रम के पूर्ण प्रभारी रहे। उन्होंने ऐसी चुस्त-दुरूस्त व्यवस्था बनाई जिसके तहत कांग्रेस न केवल चुनाव जीती, बल्कि विभिन्न मंत्रालयों के कामकाज के बीच भी सही तालमेल बना और यह सुनिश्चित किया जा सका कि विभिन्न मंत्रालय कांग्रेस की नीतियों को कार्यरूप दे रहे हैं और पार्टी के राष्ट्रीय संगठन के दिशा-निर्देशों के तहत काम कर रहे हैं। संसदीय कार्यक्रम के इस आरंभिक दौर में सरदार के बहुमूल्य योगदान ने मंत्रालय के कामकाज का बुनियादी स्वरूप तैयार कर दिया। इसी बुनियाद पर स्वतंत्र भारत में सही अर्थों में राष्ट्रीय राजनैतिक दृष्टिकोण का विकास संभव हो सका।

भारतीय रियासतों में स्वतंत्रता संघर्ष को सावधानी से आगे बढ़ाना एक अन्य नाजुक समस्या थी। जहां ब्रिटिश सरकार के नियंत्रण वाले भारतीय क्षेत्र में परिवर्तन की बयार तेज हो रही थी वहीं रजवाड़ों की जनता आंदोलित हो रही थी और नागरिक तथा राजनैतिक अधिकारों के लिए संगठित हो रही थी। गांधीजी द्वारा अनुमोदित कांग्रेस की नीति रजवाड़ों के काम-काज में सीधे हस्तक्षेप से बचने की रही थी। गांधीजी इन रियासतों में सत्याग्रह को भी प्रोत्साहित नहीं करते थे। वल्लभभाई भी इसी नीति के समर्थक थे। दोनों नेताओं का मानना था कि ब्रिटिश सरकार का संरक्षण समाप्त होते ही, भारतीय रजवाड़े अपने प्रजाजनों की मांगों का प्रतिरोध नहीं कर सकेंगे। उनकी मानता था कि ये रजवाड़े इतने देशभक्त तो होंगे ही कि जब भी वे निर्णय लेने में समर्थ होंगे वे ब्रिटिश नियंत्रण वाले शेष भारत के राष्ट्रीय नेताओं के साथ, देश के नव-निर्माण में सहयोग करेंगे। लेकिन जब प्रांतों में कांग्रेस की सरकारों ने कामकाज शुरू किया तो देश का माहौल बदलने लगा और

इन रियासतों के राजनैतिक जन-संगठन भी राष्ट्रीय कांग्रेस से जुड़ने और रियासती शासकों के खिलाफ संघर्ष में कांग्रेस के सहयोग की मांग करने लगे। फरवरी 1938 में कांग्रेस के हरिपुरा अधिवेशन में रियासतों की प्रजाओं के संगठनों को मान्यता देने और उनके आंदोलनों को दिशा देने की मांग स्वीकार कर ली गई।

1939 में कांग्रेस के त्रिपुरी अधिवेशन में इस नीति में पुन: सुधार किया गया और रियासतों की प्रजा के मुक्ति-संघर्ष को राष्ट्रीय स्वतंत्रता आंदोलन का अभिन्न अंग मान लिया गया। इस पूरे दौर में, सरदार गुजरात की विभिन्न रियासतों के लोगों के संपर्क में निरंतर रहे थे। अब वह इन प्रजाओं के संघर्ष को दिशा देने में और भी सक्रिय हो गए। उन्होंने वडोदरा और भावनगर के प्रजामंडलों के अधिवेशनों की अध्यक्षता की और राजकोट रियासत के लोगों की मांगों को लेकर वहां के शासक के साथ वार्ता भी की। राजकोट की प्रजा का संघर्ष एक राष्ट्रव्यापी मुद्दा हो गया और गांधीजी भी इससे जुड़ गए। इन अनुभवों ने वल्लभभाई को भारतीय रियासतों के लोगों की स्थिति की अच्छी जानकारी दी और वे राजा-रजवाड़ों की मन:स्थिति को भी ठीक से समझ सके।

1939 में दूसरा विश्वयुद्ध छिड़ने के साथ ही भारत का स्वतंत्रता संग्राम अपने निर्णायक दौर में पहुंच गया। मुसलिम लीग की पाकिस्तान की मांग ने इसमें एक नया आयाम जोड़ दिया जो महात्मा के नैतिक प्रभाव के लिए भी एक चुनौती बन गया। घटनाक्रम ने मोड़ ले लिया और साम्प्रदायिक विवाद इतना उग्र हो गया कि अधिकतर राष्ट्रीय नेता भी यह मानने लगे कि अब दो ही विकल्प रह गए हैं- या तो मुसलिम लीग की बात मानकर देश का विभाजन हो जाए, या फिर देश में अराजकता फैल जाए। वल्लभभाई ने हमेशा ही पाकिस्तान की मांग का विरोध किया था लेकिन देश के विभाजन की माउंटबेटन योजना को सबसे पहले मान लेने वाले अग्रण ी नेताओं में वह एक थे। आखिरकार, कांग्रेस कार्य समिति ने यह दुर्भाग्यपूर्ण फैसला स्वीकार कर लिया।

सरदार पटेल के जीवन का सबसे गौरवपूर्ण अध्याय तब शुरू हुआ जब देश के प्रथम उपप्रधानमंत्री और गृह मंत्री के रूप में देश भर में फैली 560 से ज्यादा रियासतों को भारतीय संघ में शामिल करने की चुनौती उनके सामने आई। माउंटबेटन ने इस चुनौती के सिलसिले में उनसे कई बार चर्चा की थी। बाद में, माउंटबेटन ने लिखा, ''हम सभी खास तौर से 565 रियासतों के भविष्य को लेकर निरंतर संपर्क में थे। ब्रिटिश सरकार ने मुझे निर्देश दिया था कि ब्रिटिश भारत की सत्ता (राष्ट्रीय नेताओं को) सौंपे जाने पर इन रियासतों को भी उनकी प्रभुसत्ता वापस मिल जाएगी। सिद्धांतत: इसका मतलब था कि भारतीय उपमहाद्वीप में 565 स्वतंत्र संप्रभु देश बन जाएं... ऐसे कठिन दौर में वल्लभभाई पटेल की उत्कृष्ट राजनैतिक प्रतिभा से ही इस समस्या का समाधान निकल सका।''

सभी रियासतों के तत्कालीन सर्वोच्च ब्रिटिश सत्ता के साथ करार थे और सभी रजवाड़े अपने

अधिकारों और विशेषाधिकारों को कायम रखना चाहते थे। विविध विचारों और व्यक्तित्वों वाले राजाओं के इस हुजूम को उभरते नए भारत के अनुरूप ढालना बहुत बड़ा काम था। सरदार पटेल ने इन रजवाड़ों को देशभक्ति की दुहाई दी और कहा, ''हम भारत के इतिहास के एक निर्णायक दौर में हैं। हम सब मिलकर देश को महानता की नई ऊंचाईयों तक ले जा सकते हैं जबकि एकता न रहने पर हमें नई विपत्तियों का सामना करना पड़ सकता है। मुझे उम्मीद है कि भारतीय रियासतें इस बात को समझ लेंगी कि सभी के काम में आपसी सहयोग से नहीं चलने और एकदम जरूरी साझा जिम्मेदारियों को साथ नहीं निभाने का एकमात्र नतीजा ऐसी अराजकता और गड़बड़ी में होगा जिसमें बड़े-छोटे सब बरबाद हो जाएंगे।''

15 अक्तूबर, 1950 को दिल का दौरा पड़ने से सरदार पटेल का निधन हो गया। कृतज्ञ राष्ट्र ने 1991 में उन्हें मरणोपरांत देश के सर्वोच्च सम्मान 'भारत रत्न' से विभूषित किया।

5 सितंबर, 1975 को सरदार पटेल स्मारक व्याख्यान देते हुए वरिष्ठ स्वतंत्रता सेनानी यू.एन. ढेबर ने कहा, ''उनकी तुलना अक्सर जर्मनी के बिस्मार्क से की जाती है लेकिन अगर हम एच.जी. वेल्स का लिखा जर्मनी का इतिहास पढ़ते हैं तो हमें इन दोनों महापुरुषों की परिस्थितियों के अंतर का पता चलता है। पहली बात, भारत में रियासतों का एकीकरण (जर्मनी की तुलना में) कहीं बहुत बड़े पैमाने पर हुआ। दूसरे, भारत में यह काम बहुत गहन योजनाबद्धता के साथ किया जाता था, तीसरे, दोनों देशों में एकीकरण की प्रक्रिया के तरीके भी अलग-अलग थे...।

''भारत में दो-तीन वर्ष के ही समय में जो हासिल कर लिया गया देश का जो स्वरूप हमें हासिल हुआ उस पर हम सब गर्व कर सकते हैं- हम सबको मिला समान संविधान, सभी के लिए वयस्क मताधिकार से चुनी साझी संसद, समान आर्थिक स्वरूप, एकजुट संगठित सेना।''

एक बार एक वरिष्ठ कार्यकर्ता अपनी कुछ घरेलू परेशानियों की वजह से कार्यमुक्त होना चाहते थे तो सरदार ने उनसे कहा, ''जब मैंने गांधीजी की राह अपनाई, मैंने कुछ लकड़ियां जमा कीं, चिता बनाई और उसमें अपने परिवार, अपने कैरियर, अपनी प्रतिष्ठा और अपना सब कुछ उसी आग में झोंक दिया। मैं नहीं जानता कि राख के सिवा इन सारी चिंताओं का कुछ और भी बचेगा।''

कितने सच्चे थे उनके उद्गार! मृत्यु के समय अपने वस्त्रों को छोड़ सरदार के पास कुछ भी नहीं था।

सरदार पटेल को श्रद्धांजलि देते हुए *दि मैंचेस्टर गार्जियन* ने लिखा, ''पटेल स्वतंत्रता संघर्ष के ही संयोजक नहीं थे, वह तो इस संघर्ष की समाप्ति होने पर नये देश के निर्माता भी थे। प्राय: एक ही व्यक्ति विद्रोही और राजनीतिज्ञ दोनों भूमिकाओं में सफल नहीं होता। पटेल ऐसी विरली विभूतियों में थे।''

सरदार पटेल

(31 अक्तूबर 1875–15 दिसंबर 1950)

प्रारंभिक जीवन

बचपन का चित्र

मां लाडबा

करमसद में पैतृक निवास जहां सरदार का बचपन बीता

करमसद का स्कूल जहां प्रारंभिक शिक्षा पाई

नडियाद का हाईस्कूल- वल्लभभाई ने यहां से मैट्रिकुलेशन किया

वकालत का दौर

बोरसद (जिला खेड़ा) में डिस्ट्रिक्ट प्लीडर के रूप में

वल्लभभाई साथी वकीलों के साथ

बार-एट-लॉ करने के लिए इंग्लैंड जाने से पहले, 1910

1913 में इंग्लैंड से बैरिस्टर बनने के बाद स्वदेश में भाई विट्ठलभाई के साथ

भद्रा, अहमदाबाद में सरदार का निवास

प्रारंभिक राजनैतिक जीवन

नागपुर झंडा सत्याग्रह के नेता के रूप में

अन्यायपूर्ण पुलिस कर के विरोध में बोरसद सत्याग्रह (1923) के दौरान

खेड़ा सत्याग्रह के दौरान अपने सहयोगियों–हरिप्रसाद देसाई, जीवनलाल दीवान, इंदुलाल याग्निक, गणेश मावलंकर, मोहनलाल पांड्या और अन्य साथियों के साथ

खेड़ा सत्याग्रह के दौरान बैरिस्टर वल्लभभाई

1918 में खेड़ा सत्याग्रह के दौरान गांधीजी के साथ

अपनी शानदार वकालत को ठुकराकर सरदार गांधीजी के अनुयायी बन गये। बापू ने उनके बारे में कहा–

"मेरा मानना है कि उनकी मदद के बिना यह आंदोलन सफल नहीं हो सकता था।"

अहमदाबाद में गांधीजी के नागरिक अभिनंदन के दौरान नगरपालिका के अध्यक्ष के रूप में अगवानी करते पटेल, 1925

गुजरात विद्यापीठ का दीक्षांत समारोह

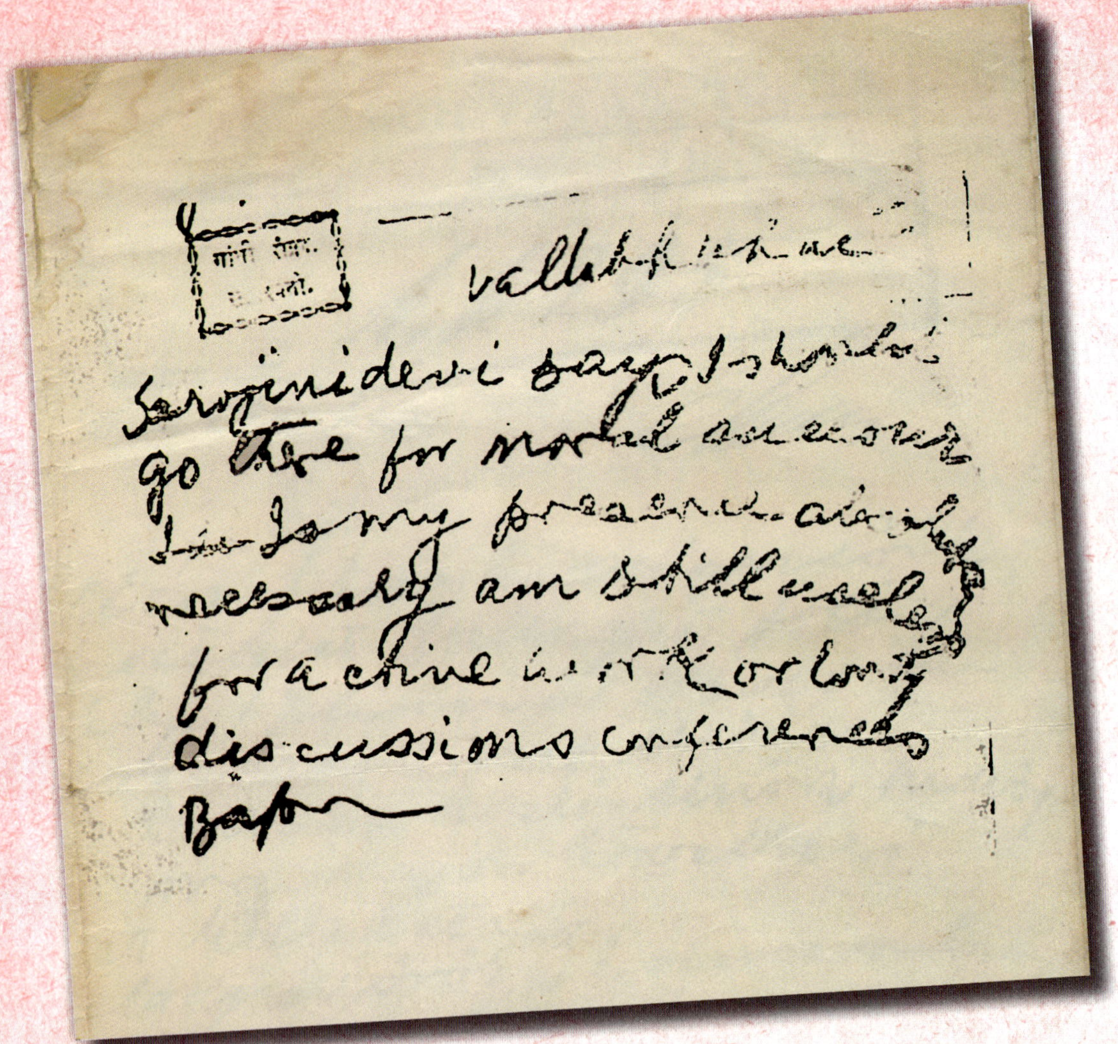

Vallabhbhai

Sarojinidevi says I should

go there for moral

my presence

am still

for active work or long

discussions conferences

Bapu

गांधीजी का हस्तलिखित संदेश – इसे बंगलौर से 8 अगस्त, 1927 को टेलीग्राम के रूप में भेजा गया।

वल्लभभाई ने गुजरात में बाढ़ राहत के काम का नेतृत्व किया। गांधीजी उस समय बंगलौर में स्वास्थ्य-लाभ कर रहे थे। उसी समय गांधीजी ने यह संदेश भेजा। वल्लभभाई का उत्तर उनकी गरिमा के अनुरूप ही था–

''अगर आप हमें ऐसा मौका देना चाहते हैं कि हम बता सकें कि हमने आपका सिखाया पाठ इतने अच्छे तरह से सीखा और पिछले 10 साल से आप हमें जो प्रशिक्षण दे रहे हैं, उसे हमने कितना अपनाया, तो आप यहां नहीं आइए।''

मां लाडबा अपने 5 पुत्रों के साथ (बाएं से दाएं) विट्ठलभाई, सोमाभाई, काशीभाई, नरसिंहभाई, वल्लभभाई, 1927

सरदार पटेल भाई विट्ठलभाई के साथ

सरदार

बारदोली सत्याग्रह की सफलता के बाद

बारदोली सत्याग्रह की सफलता के बाद वल्लभभाई को 'सरदार' कहा जाने लगा और वह राष्ट्रीय नेता के रूप में उभरे।

बारदोली सत्याग्रह के समर्थन में आयोजित सम्मेलन के अध्यक्ष एन.सी. केलकर के साथ सरदार पटेल

बारदोली में मौलाना आज़ाद, भूलाभाई देसाई, अब्दुल गफ़्फार खान और कन्हैयालाल मुंशी के साथ

बारदोली सत्याग्रह की सफलता के बाद

बारदोली में सरदार का निवास-स्थान

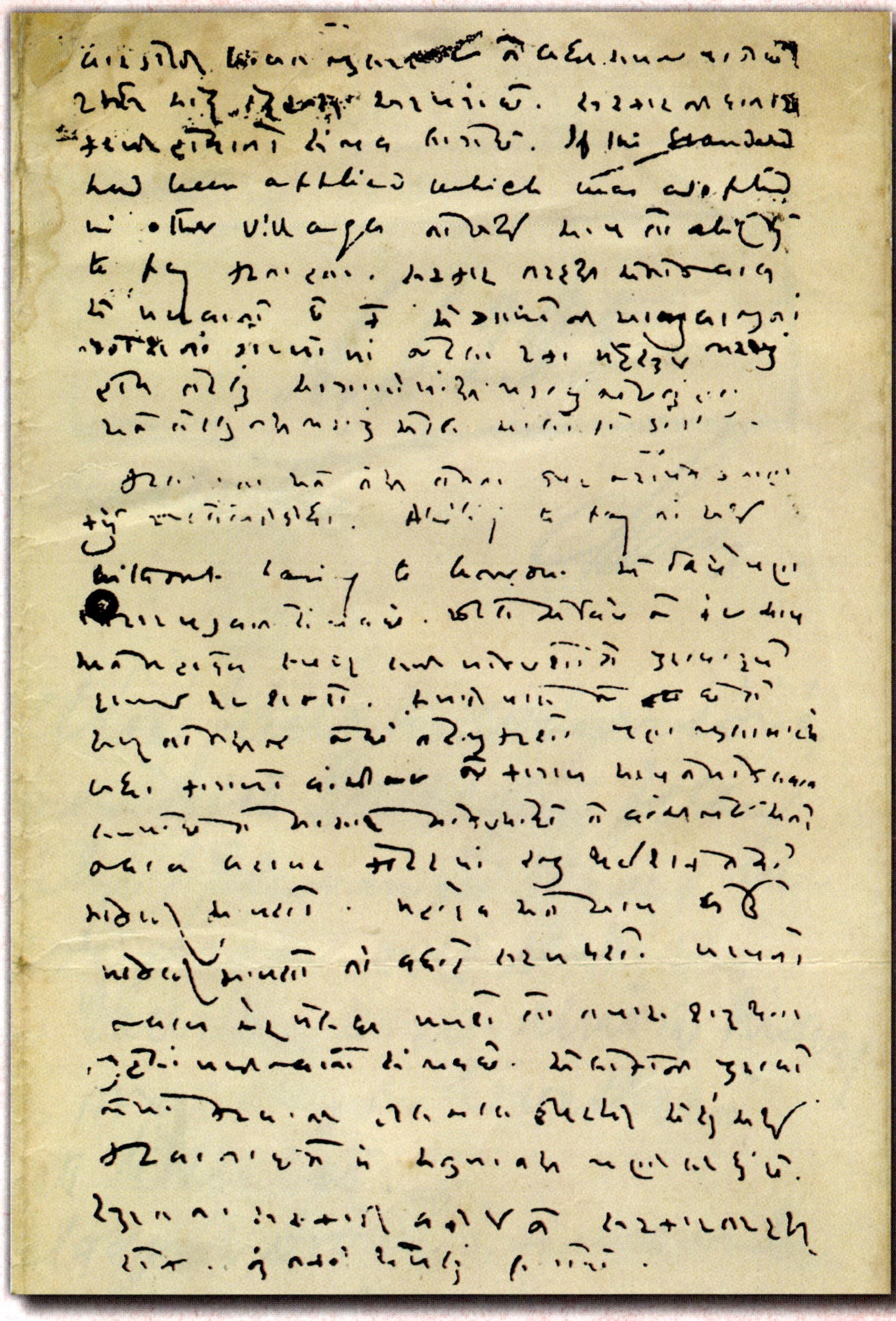

बारदोली के किसानों के कष्टों के बारे में सरदार का गांधीजी को हस्तलिखित 7 सितंबर 1931 का पत्र

यूथ लीग, मुंबई के सदस्यों के साथ

कराची के कांग्रेस अधिवेशन में सरदार ने घोषणा की, ''पूर्ण स्वराज्य के लाहौर प्रस्ताव से अब हम पीछे नहीं मुड़ सकते।''

1931 में गांधी-इरविन समझौते के बाद दिल्ली में श्री बालकृष्ण चांदीवाला के निवास पर- बैठे हुए (बाएं से दाएं)- इमाम साहेब (अब्दुल खादिर बावाज़िर), डॉ. अंसारी, सरदार पटेल, जवाहरलाल नेहरू, डॉ. सैयद महमूद, जे एम सेनगुप्ता। खड़े हुए (बाएं से दाएं) श्रीप्रकाश, डॉ. राजेन्द्र प्रसाद, महादेवभाई देसाई, चक्रवर्ती राजगोपालाचारी, डॉ. पट्टाभि सीतारमैया, शिवप्रसाद गुप्ता, शंकरलाल बैंकर, अरूण गुहा। साथ में खड़े हैं पीछे से प्रभुदयाल, दो और तीन सत्याग्रही, रेवरेंड कुरैशी, बी राजूलाल, प्यारेलाल नायर, राम गोपाल, गोविंद मालवीय, सेठ जमनालाल बजाज, गोपीनाथ जनबारी, फरीदुल्लाह अंसारी, श्री जैन, श्री उपाध्याय (पं. नेहरू के निजी सचिव)ए बनवारी लाल, सेठ मोतीलाल, लाला रामस्वरूप, घांसीराम और अन्य राष्ट्रीय नेता

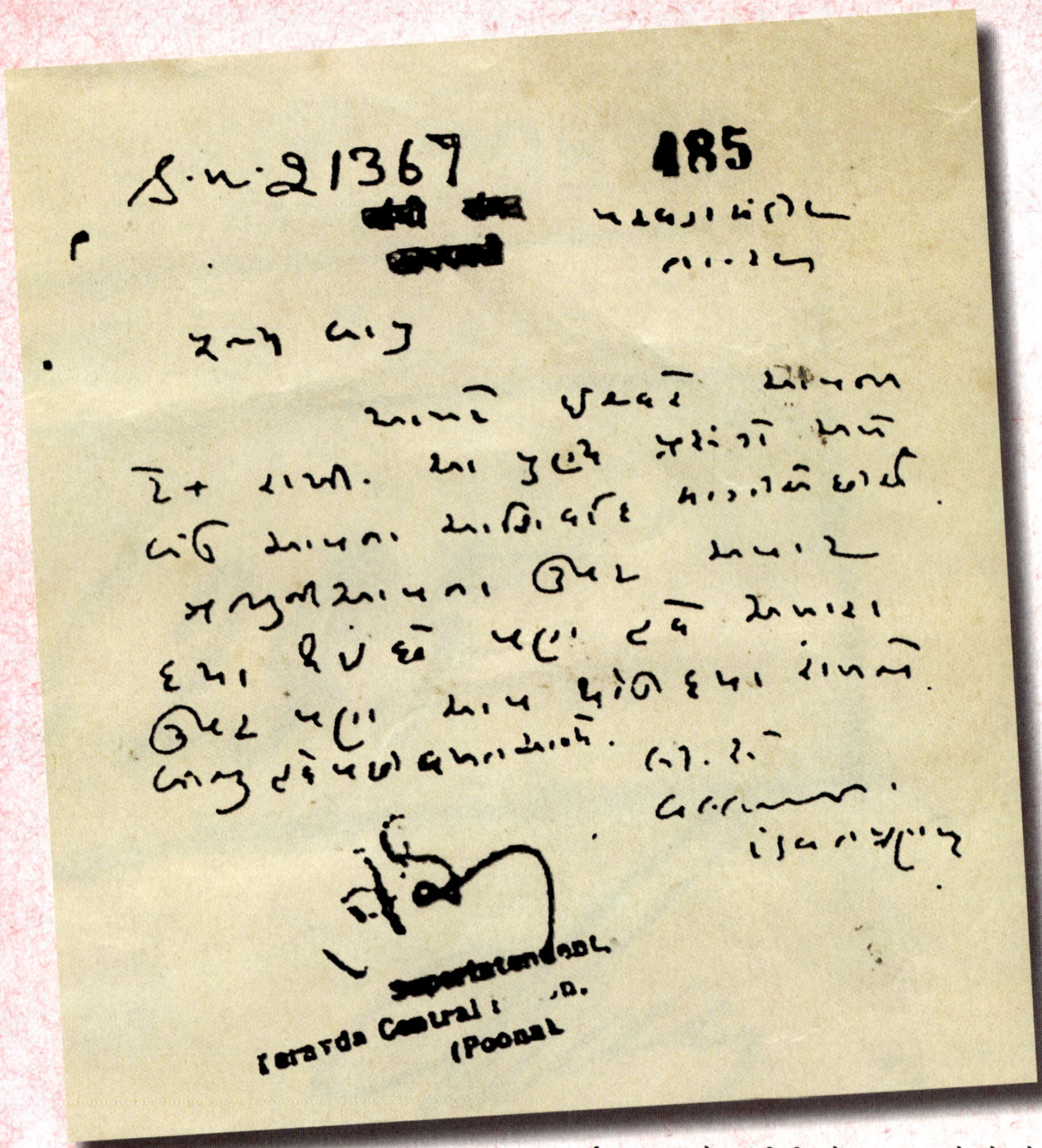

29 मई 1933 को गांधीजी के उपवास तोड़ने के
बाद उन्हें लिखा सरदार पटेल का पत्र

"इस शुभ अवसर पर हम दोनों (वल्लभभाई और छगनलाल जोशी) आपका आर्शीवाद चाहते हैं। ईश्वर अत्यंत कृपालु है लेकिन अब हम आपसे प्रार्थना करते हैं कि हम पर कृपा करें।"

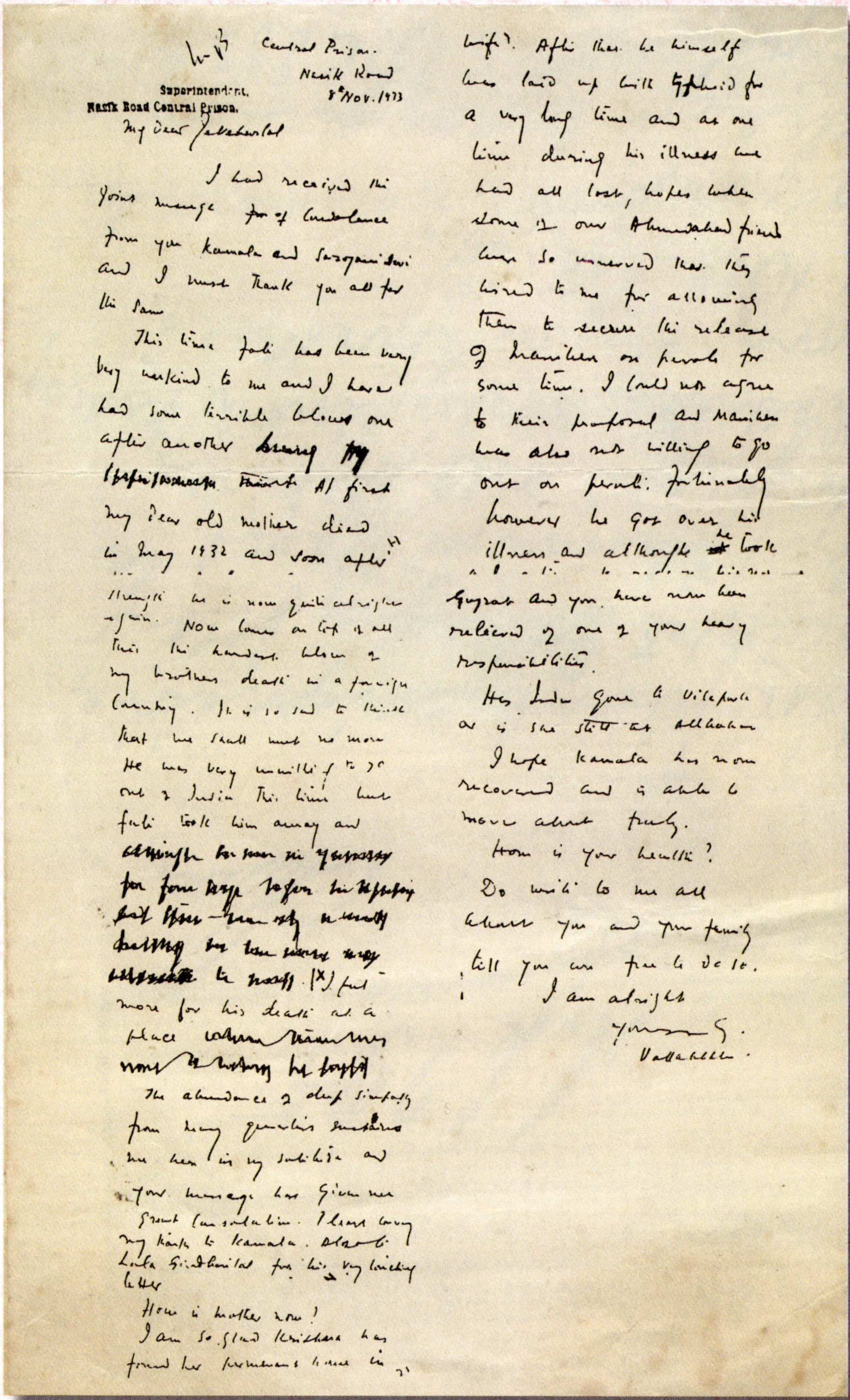

Central Prison.
Nasik Road
8th Nov. 1933

Superintendent,
Nasik Road Central Prison.

My dear Jawaharlal

I had received the joint message of condolence from you Kamala and Sarojini Devi and I must thank you all for the same.

This time fate has been very very unkind to me and I have had some terrible blows one after another [redacted] At first my dear old mother died in May 1932 and soon after [illegible] though he is now quite alright again. Now came on top of all this the hardest blow of my brothers death in a foreign country. It is so sad to think that we shall meet no more. He was very unwilling to go out of India this time but fate took him away and [redacted] [x] feel more for his death at a place [redacted]

The abundance of deep sympathy from many quarters sustains me here in my solitude and your message has given me great consolation. Please convey my thanks to Kamala. Also to Lala Girdharilal for his very touching letter.

How is mother now?

I am so glad Krishna has found her permanent home in [illegible] life. After that he himself was laid up with typhoid for a very long time and at one time during his illness we had all lost, hopes when some of our Ahmedabad friends were so unnerved that they wired to me for allowing them to secure the release of Maniben on parole for some time. I could not agree to their proposal and Maniben was also not willing to go out on parole. Fortunately however he got over his illness and although he took [illegible]
Gujrat and you have now been relieved of one of your heavy responsibilities.

Has Indu gone to Vile Parle or is she still at Allahabad.

I hope Kamala has now recovered and is able to move about freely.

How is your health?

Do write to me all about you and your family till you are free to do so.

I am alright

Yours sy.
Vallabhbhai.

पं. जवाहरलाल नेहरू के नाम सरदार पटेल का पत्र

कांग्रेस कार्यसमिति के सदस्य, 1934

कांग्रेस कार्यसमिति की बैठक में, 1934

बोरसद में प्लेग फैल जाने के दौरान गांधीजी के साथ दौरा करते हुए

गांधीजी, सुभाष बाबू और अन्य नेताओं के साथ कांग्रेस के हरिपुरा अधिवेशन में

1945 में शिमला कांफ्रेंस के दौरान गांधीजी के साथ

जेल से वापसी–मौलाना आज़ाद, जवाहरलाल नेहरू, शंकर राव देव, जे.बी. कृपलानी, डॉ. राजेन्द्र प्रसाद और सरदार पटेल

अंतरिम सरकार के सदस्य 2 सितंबर 1946 को पदभार ग्रहण करने के बाद (बाएं से दाएं) शरतचंद्र बोस, जगजीवन राम, डॉ. राजेन्द्र प्रसाद, वल्लभभाई पटेल, आसफ अली, जवाहरलाल नेहरू और सैयद अली ज़हीर

स्वामी रामानंद तीर्थ के साथ

सरदार पटेल, डॉ. राजेन्द्र प्रसाद, जगजीवन राम तथा अन्य नेता 2 सितंबर 1946 को अंतरिम सरकार के शपथ ग्रहण समारोह के लिए जाने से पूर्व मंगलस्वरूप नारियल ग्रहण करते हुए

स्वतंत्रता के बाद

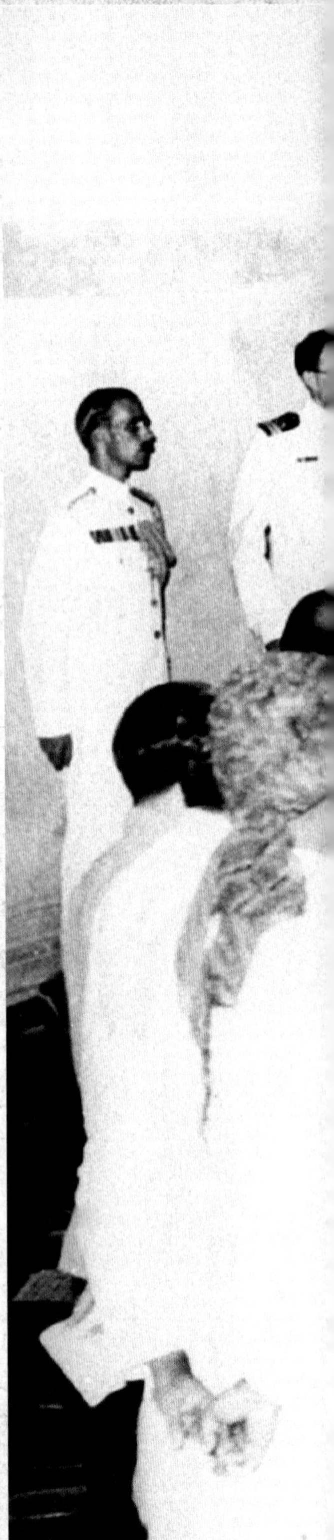

स्वतंत्र भारत के प्रथम प्रधानमंत्री के रूप में पं. जवाहरलाल नेहरू के शपथ ग्रहण के दौरान

भारत के प्रथम राष्ट्रपति डॉ. राजेन्द्र प्रसाद सरदार वल्लभभाई पटेल को प्रथम गृहमंत्री के पद की शपथ दिलाते हुए।

15 अगस्त 1947 को देश के प्रथम उप-प्रधानमंत्री पद की शपथ लेते हुए

सरदार पटेल, जॉन मथाई और जयरामदास दौलतराम 26 जनवरी 1950 को संविधान पर हस्ताक्षर करते हुए

बंबई में गांधीजी और उनके सचिव महादेव देसाई के साथ

जुगतराम अदेव और उत्तमचंद शाह के साथ जनवरी 1949 में सामूहिक चरखा कातने के कार्यक्रम में

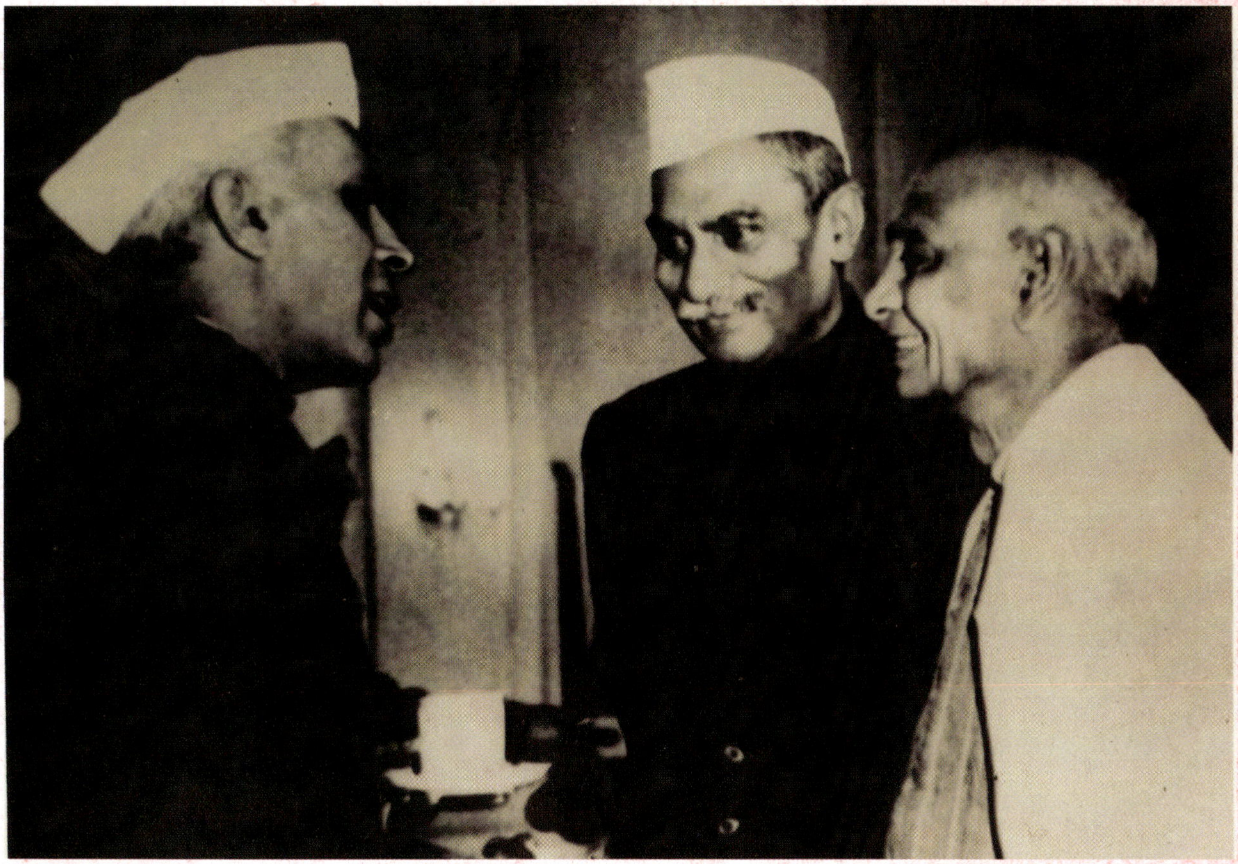

राष्ट्रपति भवन में राष्ट्रपति डॉ. राजेन्द्र प्रसाद और नेहरू जी के साथ जीवंत चर्चा

"......... हमेशा भरोसेमंद मित्र और सहयोगी ...
.... निराश हृदयों में भी जान फूंक देने वाले
शक्तिपुंज............"

जवाहरलाल नेहरू

पं. नेहरू के साथ सरदार पटेल

इंग्लैंड की कंजरवेटिव पार्टी के नेता एंथोनी ईडन के साथ

तत्कालीन मेजर जनरल जे.एन. चौधरी, सरदार पटेल, हैदराबाद के निज़ाम और सरदार के सचिव वी. शंकर

1947 में भरतपुर, पटियाला और अलवर के राजाओं के साथ शरणार्थियों की समस्याओं पर चर्चा करते हुए

नई दिल्ली में नवंबर 1947 में एशियाई क्षेत्रीय सम्मेलन के प्रतिनिधियों के स्वागत समारोह के दौरान पं. नेहरू और इंदिरा गांधी के साथ उप-प्रधानमंत्री सरदार

नवंबर 1947 में नई दिल्ली में गवर्नर जनरल सी. राजगोपालाचारी द्वारा आयोजित समारोह में
सरदार पटेल और पुत्री मणिबेन

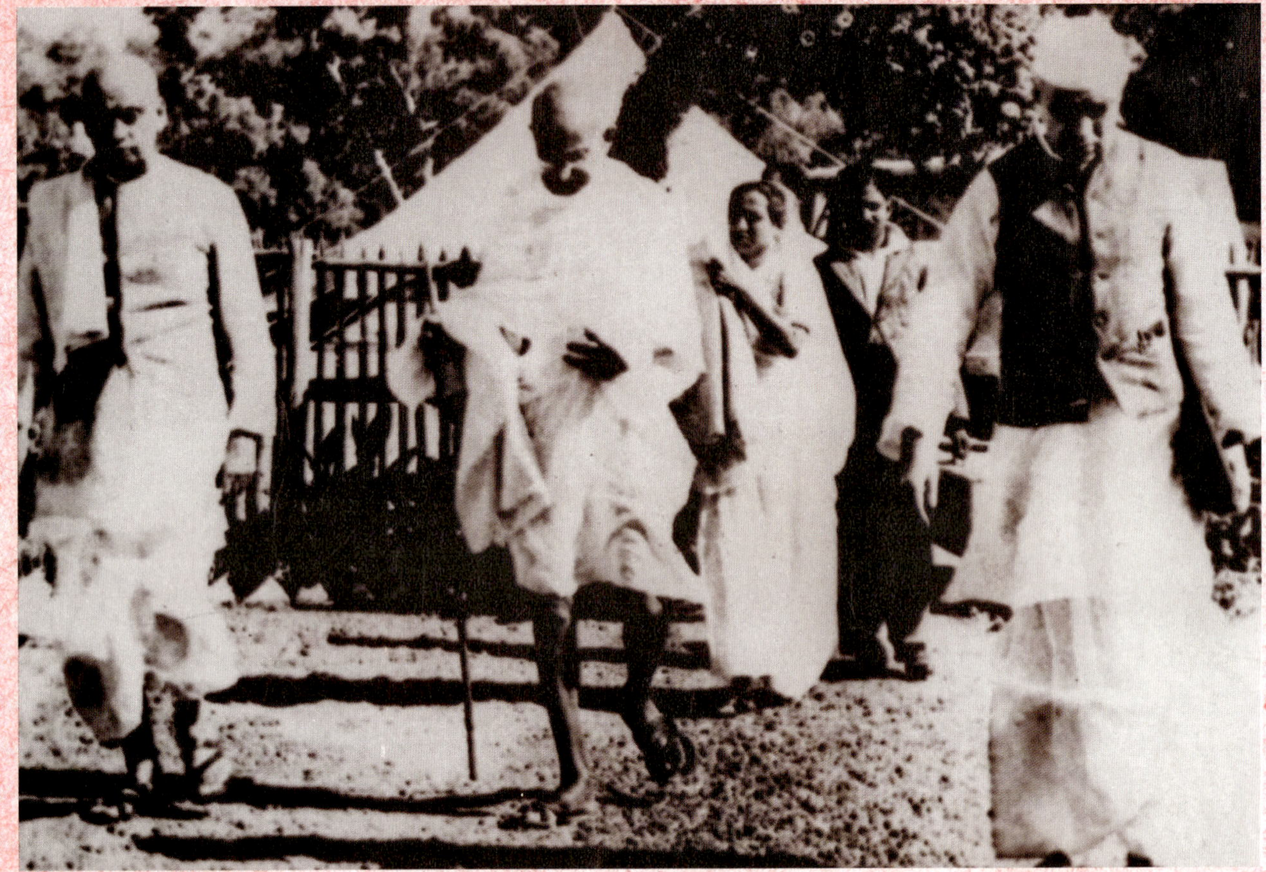
सेवाग्राम, वर्धा में गांधीजी और पं. नेहरू के साथ सुबह की सैर पर

महादेव देसाई, गांधीजी और मणिबेन के साथ

तंजौर म्युनिसिपैलिटी द्वारा आयोजित स्वागत समारोह के अवसर पर दक्षिण भारत के श्रमिकों के साथ

मौलाना आज़ाद के साथ

टी.के. घोष के साथ

सौराष्ट्र कैबिनेट तथा सौराष्ट्र इलाके के रजवाड़ों के साथ

15 फरवरी, 1948 को जाम साहेब को सौराष्ट्र राज्यों के संघ के राजप्रमुख की शपथ दिलाते हुए सरदार पटेल

नई दिल्ली में राज्यपाल सम्मेलन के दौरान उप-प्रधानमंत्री सरदार पटेल, गवर्नर-जनरल राजाजी और प्रधानमंत्री नेहरू जी

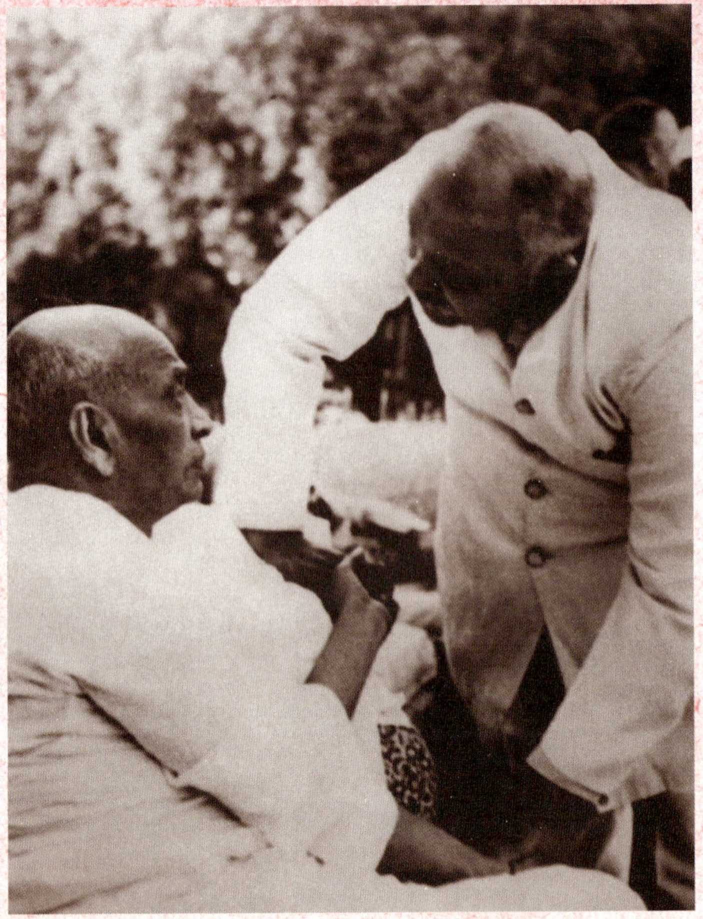

1948 में नवांनगर के जाम साहेब के साथ पटेल

गवर्नर जनरल राजा जी और कैबिनेट के अन्य सदस्यों के साथ

मसूरी में लेडी व लॉर्ड माउंटबेटन के साथ
उनके विदाई समारोह में।

15 जुलाई, 1948 में पटियाला एंड ईस्ट पंजाब स्टेट यूनियन (पेप्सू) संगठन के उद्घाटन के दौरान

खिलाड़ियों के बीच: जयपुर के महाराजा एवं हनुमंत सिंह जी और सरदार पटेल

1948 में पिलानी में जी.डी. बिड़ला एवं मणिबेन के साथ

बारदोली में कार्यकर्ताओं के साथ

नवंबर 1948 में इलाहाबाद विश्वविद्यालय से डॉक्टर ऑफ लॉ की मानद उपाधि ग्रहण करते हुए

नवंबर, 1948 में इलाहाबाद विश्वविद्यालय में सरोजनी नायडू की उपस्थिति में जी.बी. पंत के हाथों अभिनंदन ग्रंथ ग्रहण करते हुए

बड़ौदा के महाराजा श्री प्रताप सिंह राव गायकवाड़ और डॉ. जीवराज मेहता के साथ सरदार पटेल

जनवरी 1949 में चित्तौड़ (राजस्थान) के श्रमिकों व किसानों के साथ पटेल

ठक्कर बापा के साथ

एकजुट राष्ट्र की ओर

दिसम्बर, 1947 में नागपुर यात्रा के दौरान

दिसम्बर, 1947 में नागपुर में गार्ड ऑफ ऑनर का निरीक्षण करते हुए

नागपुर में पुत्री मणिबेन के साथ सरदार पटेल

राज्यपाल सदन, राजभवन, नागपुर में स्वागत समारोह में सरदार पटेल

शिमला में सरदार पटेल व जवाहर लाल नेहरू

दिसंबर, 1947 में कटक में गार्ड ऑफ ऑनर का निरीक्षण करते हुए।

दिसंबर, 1947 में कटक यात्रा के दौरान सरदार पटेल।

दिसंबर, 1947 में कटक में सरदार पटेल

उड़ीसा यात्रा के दौरान एक बैठक में

दिसंबर, 1947 में कटक गवर्नमेंट हाउस में स्वागत समारोह के दौरान।

दिसंबर, 1947 में जयपुर के वनस्थली विद्यापीठ में

जयपुर के वनस्थली विद्यापीठ का निरीक्षण करते हुए

दिसंबर, 1947 में जयपुर के महाराजा के साथ सरदार पटेल

जनवरी, 1948 में कलकत्ता में अपने स्वागत में दिए गए
गार्ड ऑफ ऑनर का निरीक्षण करते हुए

कलकत्ता यात्रा के दौरान मणिबेन के साथ

जनवरी, 1948 में हैप्पी वैली में असम रेजिमेंट को संबोधित करते हुए

जनवरी, 1948 में शिलांग यात्रा के दौरान गार्ड ऑफ
ऑनर का निरीक्षण करते हुए

जनवरी, 1948 में शिलांग यात्रा के दौरान जवानों और अधिकारियों से मिलते हुए

शिलांग में सैन्य अधिकारियों के साथ मणिबेन व सरदार पटेल

अपनी शिलांग यात्रा के दौरान भ्रमण करते हुए

26 जनवरी, 1948 को पटना हवाई अड्डे पर सरदार पटेल का स्वागत

26 जनवरी, 1948 को पटना हवाई अड्डे पर गार्ड ऑफ ऑनर का निरीक्षण करते हुए

जनवरी, 1948 में बिहार के मुख्यमंत्री द्वारा आयोजित चाय पार्टी के दौरान

27 जनवरी, 1948 को लखनऊ हवाई अड्डे पर सरदार पटेल

लखनऊ यात्रा के दौरान गवर्नमेंट हाउस में वृक्षारोपण करते हुए

मई, 1948 में मसूरी में गांधी मेमोरियल फंड के बारे में उद्योगपतियों के सम्मेलन में सरदार पटेल

मसूरी में उद्योगपतियों के सम्मेलन के दौरान प्रधानमंत्री नेहरू एवं राष्ट्रपति डॉ. राजेन्द्र प्रसाद के साथ।

अहमदाबाद हवाई अड्डे पर सेठ कस्तूरभाई लालभाई द्वारा स्वागत ग्रहण करते हुए

अंतिम यात्रा

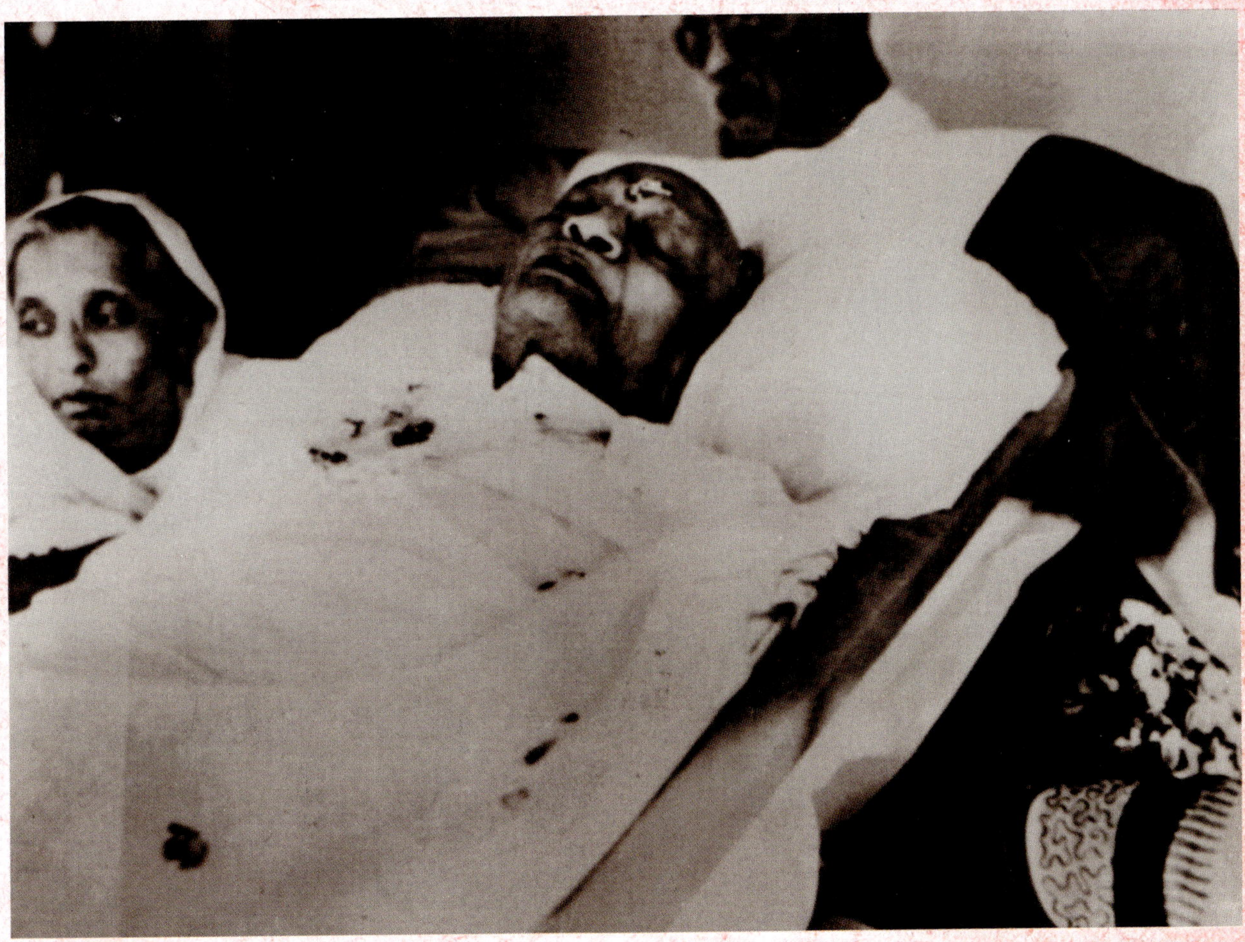

15 दिसंबर 1950–चिरनिद्रा में लीन

15 दिसंबर, 1950–अंतिम यात्रा

28 दिसंबर, 1950–सरदार पटेल का पावन अवशेष कलश

दिसंबर 28, 1950–प्रयाग में अस्थि-विसर्जन

''कार्य निस्संदेह पूजा है पर हास्य तो जीवन है।''

–सरदार पटेल